"*Creo que el Colón es el teatro más lindo de todos los que conozco en el mundo*".

Mikhail Baryshnikov

"*I think the Colón is the most beautiful of all the theatres I know in the world*".

Mikhail Baryshnikov

Isolde por Aníbal Lápiz
Isolde by Aníbal Lápiz

La primera edición de este libro fue posible gracias a la colaboración de la Señora Nelly Arrieta de Blaquier, Miembro Fundador de la Fundación Teatro Colón. The generous contribution of Mrs Nelly Arrienta de Blaquier founder-member of the Colón Theatre Foundation, has made the first edition of this book possible.

Otros títulos publicados por Maizal / Other titles published by Maizal

Español/Spanish
El Tango
El Gaucho
Argentina Natural
La Cocina Argentina
Vinos Argentinos
Carne Argentina
Indígenas Argentinos
Textiles Argentinos
El Mate
Carne Argentina
El Filete Porteño
Platería criolla
Buenos Aires
Norte Argentino
Iguazú y las Misiones
Jesuíticas
Ischigualasto-Talampaya

Inglés/English
The Tango
The Gaucho
Argentine Nature
Argentine Cookery
Argentine Wines
Argentine Beef
Argentine Indians
Argentine Textiles
Argentine Beef
Buenos Aires
Argentina's North
Iguazú & the Jesuit
Reductions
The Valley of the
Moon-Talampaya

Alemán/Deutsch
Die Pampa
Tango und Bandonion
Der Mate

Bilingüe/Bilingual
Teatro Colón
Pintura Argentina/
Argentine Painting
Buenos Aires Viaje /
Buenos Aires Journey
Mi Buenos Aires Querido

La Editorial agradece la colaboración de los Señores Roberto Oswald y Aníbal Lápiz.
Diseño: Christian le Comte y Sophie le Comte
Fotografía: Christian le Comte, Sophie le Comte. Departamento Fotográfico del Teatro Colón: Arnaldo Colombaroli, Miguel Micciche, Máximo Parpagnoli (pgs.: 16, 24, 30, 32, 35, 40, 51, 64, 66)
Dibujo del corte transversal: Eleonora le Comte
© Mónica G. Hoss de le Comte, 2000
Hecho el depósito que previene la ley 11.723
I.S.B.N. 987-9479-03-3
Editado por Maizal
Muñiz 438, B1640FDB, Martínez
Buenos Aires Argentina
Email: info@maizal.com
Impreso en noviembre de 2013 por Akian Gráfica Editora S.A.

Mónica G. Hoss de le Comte

Teatro Colón

MAIZAL
EDICIONES

The Construction of the Theatre

The Colón Theatre is more than 90 years old. In all those years, the most brilliant artists of the international scene have sung, danced, played and performed in this magnificent theatre.

The old Colón Theatre, which was situated at the Plaza de Mayo (Rivadavia and Reconquista), right in front of the Government House (Casa Rosada) and which had been inaugurated in 1857, closed its doors in 1888.

Old Teatro Colón at Plaza de Mayo
Lithograph by Rudolph Kratzenstein, 1860

Today the site is occupied by the National Bank. Buenos Aires needed a larger Colón Theatre and there were several building sites in Buenos Aires which were available at that time.

All architects who submitted the tender chose the site occupied by the old Railway Station at Libertad and Viamonte. The contract went to an Italian architect, Francisco Tamburini (1838?-1891) whose plans were thought to be the best of all the plans presented by the architects who had been invited to tender for the construction of the new theatre.

The new Colón Theatre had to be finished in 30 months. The Government wanted to inaugurate it on the 12th of October 1892, the four-hundredth anniversary of the Discovery of America.

Front page of the opening night programme, 25th May, 1908

But in 1891, Francisco Tamburini dies and the Italian Architect Víctor Meano (1860-1904) takes over. Meano makes a very careful analysis of Tamburini's plans and

La Construcción del Teatro

El viejo Teatro Colón, que estaba ubicado en la Plaza de Mayo (Rivadavia y Reconquista), frente a la Casa Rosada y que había sido inaugurado en 1857, había cerrado sus puertas en 1888 y su edificio vendido al Banco de la Nación Argentina. Con el dinero de la venta debía construirse un nuevo teatro más grande y que tuviera todos los adelantos tecnológicos para la puesta en escena de una ópera. Para poder ser inaugurado el 12 de Octubre de 1892, día del cuarto centenario del descubrimiento de América, el teatro debía estar listo en 30 meses.

Antiguo Teatro Colón en la Paza de Mayo Litografía de Rudolph Kratzenstein, 1860

Para su construcción se habían puesto a elección de los arquitectos dos grandes terrenos en la Ciudad de Buenos Aires: el terreno que hoy ocupa el Congreso Nacional y el que había sido de la Estación del Parque del Ferrocarril Oeste. Todos los profesionales que se presentaron coincidieron en elegir esta manzana.

El empresario Ángel Ferrari que gana en marzo de 1889 la licitación, presenta los planos del arquitecto Francisco Tamburini (1838?-1891) y en enero de 1890 se comienza con la construcción. Fueron tantas las dificultades y problemas que hubo con la obra, que recién 18 años más tarde, el 25 de Mayo de 1908 se inaugura solemnemente el teatro con una función de gala. Se representó aquella noche la ópera *Aída* de Giuseppe Verdi.

Portada del programa para la inauguración, el 25 de mayo de 1908

En 1891 muere el arquitecto Tamburini y el arquitecto Víctor Meano (1860-1904) se hace cargo de la dirección de la obra. Meano estudia prolijamente todos los detalles y propone algunos cambios. Él mismo dijo una vez

suggests several changes. He once stated: "The genre we have adopted for the Colón Theatre cannot be called a style, it has characteristics of the Italian Renaissance, the

Original project
Proyecto original

good planning and solidity of German architecture, and the decorative charm and variety of French architecture." The construction of the new theatre under Meano's direction makes very slow progress. To make things worse in 1904 Meano is assassinated by his ex-valet, who had been dismissed some months before.

The construction of the theatre was stopped again.

Eventually Jules Dormal (1846-1924) a Belgian Architect is hired by the government to finish the theatre, he is also in charge of its decoration.

Francisco S. Pellizzari (1856-1831) was the constructor of the theatre. He had been associated with Ítalo Armellini.
Pellizzari fue el constructor del teatro. Hasta 1907 había estado asociado con Ítalo Armellini.

Plan at stall level
Planta a nivel de la platea

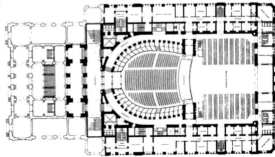

hablando del estilo del teatro: "Este género, que no lla-
mamos estilo por ser demasiado manierato, quisiera te-
ner los rasgos del renacimiento italiano, alternados con
la buena distribución y solidez de detalle propios de la arquitectura alemana y la gracia, variedad y bizarría de or-
namentación propias de la arquitectura francesa. Se ha
tratado de conferirle un aspecto simple, variado, alegre y
majestuoso, sin demasiada ostentación de molduras".
La obra avanza lentamente.

En 1904, el Arquitecto Meano es asesinado por su ex-
valet despedido unos meses antes y la obra queda nuevamente detenida.

La Municipalidad confía entonces la obra al arquitecto
Jules Dormal (1846-1924) que finalmente la termina,
ocupándose él mismo de la decoración de sus salones.

Francisco Tamburini
(1838?-1891)

El Teatro Colón ha sido diseñado y rediseñado varias
veces por ingenieros y arquitectos de orígenes diferen-
tes. Su estilo puede llamarse "eclecticismo historicista".
La volumetría exterior es de claro origen germánico, su
sala copia la herradura de los teatros italianos.

El último arquitecto, de origen belga, decoró el teatro,
su gran sala, su foyer, sus salones, con todas las caracte-
rísticas de la arquitectura francesa.

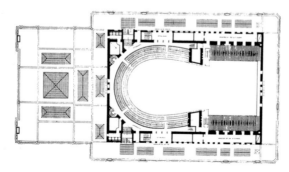

Planta a nivel de paraíso
Plan at gallery (Paraíso)
level

The Colón was designed and redesigned several times by engineers and architects of different extractions. The result is a mixture of German, Italian and French styles, a mixture which is a constant feature in America.

The theatre was solemnly inaugurated on the 25th of May 1908. Aida by Giuseppe Verdi was performed on the opening night. The construction took 18 years but the result was worth the wait.

In 1989 the Government declared the Colón Theatre Historical Monument.

Victor Meano
(1860-1904)

El Teatro Colón puede decirse que, como muchas de las expresiones artísticas de la Argentina y de América, es el resultado de una mezcla, mezcla en la que intervinieron todos los llegados a estas tierras.

Este teatro, por el que pasó buena parte de lo más brillante que produjo la escena musical internacional, fue declarado Monumento Histórico Nacional en 1989.

Jules Dormal
(1846-1924)

The Foyer

The big entrance hall, which announces the magnificence of the theatre has its columns made of reddish Verona marble and the stucco used has exactly the same colour, so that it is difficult to distinguish one from the other.

The other marbles used were also imported from Europe: yellow marble from Siena, white marble from Carrara. The two lions which guard the central staircase are made of beautiful Portuguese marble, the marble of the columns on the first floor was brought from Belgium.

Manuel Mujica Láinez (1910-1984), a famous Argentine writer, describes the entry of one of his characters into the Colón in a famous novel called The Big Theatre: "The foyer and the hall received him with a never ending and victorious flash of lightening. The marbles, the gold and the hangings were made to shine by its sparkle. In front, the staircase laid out in red invited him to ascend towards glory…"

The two sculptures at both sides of the staircase are *The Dance* by Henry Louis Cordier (1853-1926) and *Marguerite* by Max Bezner (1914). The stained glass windows were imported from Paris. Those on the first floor represent Homer and Sapho singing a hymn to Apollo. The mosaics of the floor were brought from Venice.

To the right of the entrance hall is the museum of the theatre which has a large collection of old instruments, including Stradivari and Guarnieri.

El Foyer

En el gran hall de entrada, que anuncia la grandeza de la obra, las columnas son de mármol rojizo de Verona. Se usaron además para su decoración, mármoles amarillos traídos de Siena y blancos traídos de Carrara. Los leones que custodian la gran escalera son de mármol rosado del Portugal, las columnas del primer piso de mármol belga de vetas ya extinguidas.

Las dos esculturas a los costados de la escalinata son *La Danza* de Henry Louis Cordier (1853-1926) y *Marguerite* de Max Bezner (1914). La cúpula está cubierta por vitraux, que permiten el paso de la luz durante el día. Fueron hechos por la Casa Gaudin et Cie. de Paris. También los vitraux del primer piso tienen el mismo origen, representan a Homero narrando la historia de Illión y a Safo recitando un himno a Apolo. Los mosaicos de los pisos fueron traídos de Venecia.

Manuel Mujica Láinez (1910-1984), en su novela El Gran Teatro, dice, describiendo la entrada de su personaje al teatro: "El vestíbulo y el hall lo recibieron en medio de un relámpago interminable y victorioso cuyo centelleo hacía resplandecer la profusión de mármoles, de oros y de colgaduras. Al frente, la escalinata tendida de rojo invitaba a ascender hacia la gloria, entre superpuestas balaustradas y encendidos capiteles, que coronaban la cúpula y sus cristales."

A la derecha de la entrada está la oficina de promoción. En la entrada a esta oficina se encuentra una escultura de Antonio Sassone (1906-1983) llamada *Missa Solemnis* y

el museo del teatro; a la izquierda está la biblioteca. A ambos lados de la escalera hay dos puertas que comunican con el Paseo de los Carruajes que era utilizado antiguamente en días de lluvia. Estas puertas sirven ahora para acceder a la sala directamente desde la boletería del teatro.

Violines del museo
Violins of the museum

Subiendo por la grandiosa escalera se llega al foyer de plateas y palcos bajos a los que se accede por los pasillos laterales. Aquí están el guardarropa y el Tardadero: un microcine de 30 butacas donde se transmite lo que sucede en la sala grande para aquellos que llegan tarde y no pueden ingresar a la sala hasta el intervalo. Dos escaleras laterales conducen al primer piso.

Se encuentran aquí el busto de Richard Wagner de Pedro Zonza Briano (1886-1941) y el de Giuseppe Verdi de Vicente Gemito (1862-1929).

Foyer de entrada según la idea original, modificado posteriormente
Original design for the entrance hall

La Danse, Henry Louis
Cordier (1853-1926)

The sculpture representing Beethoven's head called *Missa Solemnis* is by Antonio Sassone (1906-1983).

The library is on the left and on both sides of the staircase there are two doors which connect the hall with the carriage passageway: a tunnel which crosses the theatre underneath the entrance staircase and which was used on rainy days. Today the box-office is placed in this corridor.

The magnificent staircase leads to the foyer for the stalls, the cloakroom is on the left.

On the right there is a small cinema which is used by people who are late and want to follow the performance. It is strictly forbidden to enter the auditorium during the performance.

In the foyer there are two busts, *Richard Wagner* by the Argentine sculptor Pedro Zonza Briano (1886-1941) and *Giuseppe Verdi* by the Italian Vicente Gemito (1862-1929).

The Auditorium

The huge auditorium has the form of an elongated horseshoe. It resembles the European theatres of the nineteenth century. The predominant colours are gold and the red of the upholstery, the carpets and the curtains.

Above the three rows of boxes (the ground floor boxes, the balcony-boxes and the high-boxes), there are two dress-circles (*cazuela* and *tertulia*), and then finally the upper circles (*galería* and *delantera de paraíso*).

Women can stand in *cazuela*, men in *tertulia* and then up in "paradise" both can be together. The auditorium is illuminated by an enormous central chandelier (which has more than 700 bulbs), and by 105 sconces, all made of bronze. Around the chandelier, there is a platform used by singers and musicians when the opera requires a voice that comes from heaven. Every year the chandelier is lowered to be cleaned, a task that demands almost a whole month.

Front page of the programme for 1910
Portada del programa del año 1910, año del Centenario

Cross section

La Sala

La sala, inmensa, tiene forma de herradura alargada, forma que se asemeja a la de los teatros europeos del siglo XIX. En su decoración predominan el dorado y el colorado oscuro de los tapizados, cortinados y alfombras.

Sobre los tres pisos de los palcos (palcos bajos, palcos balcón y palcos altos), están las localidades de cazuela, tertulia, galería, delantera de paraíso y paraíso.

La sala se ilumina con lámparas cuyos brazos y tulipas fueron especialmente diseñadas para el teatro y con la inmensa araña de la cúpula, que tiene más de 700 lámparas. Alrededor de la araña hay una plataforma a la que pueden acceder cantantes y músicos y la que es usada cuando la

Portada del programa
del año 1915
Front page of the pro-
gramme for 1915

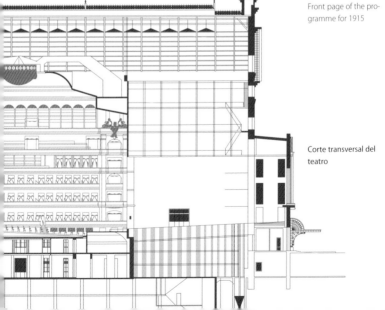

Corte transversal del
teatro

When the performance is about to begin, the intensity of the lights is slowly diminished. It is one of those magic moments, when the lights fade, the curtain goes up and the public awaits in expectation.

Ceiling by Raúl Soldi, (detail)
Cúpula del teatro, Raúl Soldi, (detalle)

All sculptures in the high and low reliefs and on the exterior walls of the theatre were carved by Luis Trinchero (1862-1944).

The 632 seats of the stalls are the most comfortable seats of the theatre and they are organized in 22 rows.

On both sides of the stalls, there are 10 baignoire-boxes, also called boxes for widows. They are covered by a bronze grill. These boxes were used by families in mourning or by visitors who did not want to be recognized by the audience. They are no longer in use, they are occupied by a broadcasting company which transmits the performances and concerts live.

Marcel Jambon (1848-1908) painted the original ceiling which represented Apollo surrounded by nymphs.

It is said that in the year 1936, the Colón Theatre had organized a party for Carnival. It was so hot on that day (40° C), that somebody placed bars of ice on the ceiling of the auditorium, in order to lower the temperature. Some days later the disastrous results were obvious: the paintings were lost forever.

voz o la música deben provenir desde el cielo. Todos los años, en enero, la araña es bajada desde la cúpula hasta las plateas para su mantenimiento, tarea que lleva aproximadamente un mes.

Es mágico el momento en que la sala se oscurece. Dice Mujica Láinez:"Se apagaron las bombillas eléctricas de la araña colosal; otras luces, otros centenares de luces se apagaban o descendían, en appliques de brazos múltiples, en lámparas de los antepalcos; esfumábanse las máscaras, las guirnaldas, las liras, las pacientes mujeres áureas, desnudas, recostadas en el coronamiento de los avant-scènes…"

Las 632 plateas, las butacas más cómodas del teatro, están distribuidas en 22 filas. A la misma altura de la platea hay 10 palcos baignoire, llamados también palcos de viudas, que eran utilizados por aquellas familias que estaban de luto o por alguna persona que quería pasar inadvertida. Se puede ver muy bien desde estos palcos pero es muy difícil ver quién los ocupa desde la sala porque están cerrados con rejas de bronce. Hace años que no se usan, hoy en día están ubicadas allí las cabinas de transmisión de radio.

El cielo raso original había sido pintado por el francés Marcel Jambon (1848-1908) quien también decoró el Salón Dorado. La pintura representaba a Apolo y sus ninfas. Cuentan los memoriosos que en el Carnaval de 1936 en el Colón se organizó un gran baile y en la sala hacían 40°. Alguien colocó barras de hielo sobre el techo para refrescar la sala. Días más tarde el resultado estaba a la vista, las pinturas de Jambon se habían arruinado para siempre.

Los alto y bajorrelieves del interior de la sala, arcos y arquitrabes, así como todas las esculturas del exterior, son obra del escultor Luis Trinchero (1862-1944).

Cúpula, Raúl Soldi, (detalle)
Ceiling by Raúl Soldi, (detail)

The Ceiling

Musicians, (detail)
Músicos, (detalle)

"...In the Buenos Aires avant-garde ...in the magnificent Colón Theatre... the success of the new operas was enormous; the public became immediately familiar with surprising quickness (Vienna's public never reacted so rapidly!).
The enthusiasm when Elektra was presented, was a clear proof of the gift of perception of the Argentine audience."
Richard Strauss

T hirty years later, the Government asked Raúl Soldi (1905-1994), a well known Argentine painter to design a new ceiling for the theatre. Today, Soldi's 51 figures: mimes, goblins, musicians, actors, dancers, all together, in perfect harmony, revolve on the ceiling of the Colón Theatre.

One can see the characters of the Commèdia dell' Arte, which have always been Raúl Soldi's favourites. "The dome had to be the colourful memory of the theatre. I did not want to illustrate scenes from any special opera, but to use elements from the theatre."
R. Soldi

Soldi painted his work on 16 pannels which were then stuck to the cieling.

It was inaugurated on the 25th of May, 1966.

La Cúpula

Durante 30 años el techo del teatro estuvo pintado de ocre. El amplio espacio desnudo en torno a la araña "afligió al Teatro con una especie de injusta calvicie" (Manuel Mujica Láinez). La Municipalidad le pidió entonces al pintor Raúl Soldi (1905-1994) que decorara la cúpula del Teatro.

La obra fue inaugurada el 25 de Mayo de 1966. La inmensa tela tiene 51 figuras que representan a todos los personajes del teatro: bailarines, músicos, duendes, mimos, actores, todos en actitud de representar alguna escena y como si giraran bailando alrededor del techo.

La pintura fue realizada sobre 16 paneles que fueron adheridos al techo del teatro.

Todos los personajes, tan llenos de vida, parecen haber salido de una representación de la Commèdia dell' Arte que Soldi tanto quería.

"... En el vanguardista Buenos Aires... en el magnífico Teatro Colón... el éxito de las nuevas obras fue inmenso; el público se familiarizó de inmediato, con sorprendente presteza (¡con similar rapidez nunca reaccionó el público de Viena!) Sobre todo el entusiasmo que cundió frente a Elektra, fue claro testimonio del don de perspicacia del público argentino".
Richard Strauss

Jugadores de ajedrez, (detalle)
Chess-players, (detail)

The Gallery

O n the first floor, the foyer of the balcony boxes is called the Gallery of the Busts: Beethoven, Wagner, Mozart, Verdi, Gounod, Bellini and Bizet, they all observe us from above. These busts were sculptured by Luis Trinchero. There is also a large sculpture in the centre of the foyer, *The Secret* by Gustav Heinrich Eberlein (1847-1926).

Right in the very centre of the gallery is the White Parlour which is used as a reception room in official performances. On these occasions, the big box with the coat of arms of Argentina is used. The ceremonial of these formal occasions regulated that men watched the performance from this official box and that women had to occupy the avant-scène box on the right. The avant-scène box on the left is always used by the Lord Mayor of Buenos Aires.

La Galería

E n el primer piso está la Galería de los Bustos. Desde las alturas nos observan Beethoven, Wagner, Mozart, Verdi, Gounod, Bellini y Bizet. Estas obras son de Luis Trinchero. La galería se completa con la escultura *El Secreto* que fue traída de Roma, obra del alemán Gustav Heinrich Eberlein (1847-1926).

Desde esta galería se accecede al Salón Blanco, decorado en estilo Renacimiento francés. Este salón se utiliza como antepalco en las funciones oficiales. En estas ocasiones el gran palco del escudo es utilizado por las autoridades. El ceremonial dictaba que los hombres debían ocupar este palco y que sus consortes debían ubicarse en el palco avant-scène de la derecha, palco que pertenece a la Presidencia de la Nación. El palco avant-scène de la izquierda es del Jefe de Gobierno de la Ciudad de Buenos Aires ya que el Teatro Colón pertenece a la comuna de la Ciudad de Buenos Aires.

"El Teatro Colón es para mí el más hermoso teatro lírico del mundo. Tiene el aire festivo adecuado de un escenario de teatro de ópera, las butacas por demás confortables y, lo que es más importante, una acústica incomparable. El sonido del Teatro Colón es absolutamente único. Los más vívidos recuerdos son los que se relacionan con *El Anillo* (*Tetralogía* de Richard Wagner) la calidad de las representaciones y el sonido de este teatro formaron juntos un clímax perfecto".

Ferdinand Leitner

El Salón Dorado

Al frente, sobre la calle Libertad, está el suntuoso Salón Dorado. Dos grandes espejos enfrentados repiten el salón hasta el infinito. Está decorado con muebles franceses. Los dos bargueños fueron hechos por la Casa Forest de Francia, la porcelana es de Meissen. El cielo raso fue pintado por Marcel Jambon, el mismo que había pintado el malogrado techo de la sala grande.

El Salón Dorado es utilizado para conciertos, exposiciones y conferencias.

"El recuerdo más grande del Teatro Colón es el entusiasmo de los amantes de la ópera. No se encuentran fanáticos tan ardientes en otro lado del mundo, salvo quizás en San Francisco. Nicolai Gedda y yo podemos atestiguarlo. Alrededor de 900 vinieron a saludarnos después de cantar Manon".

Beverly Sills

The Golden Hall

There is a very big hall called the Golden Hall, (Salón Dorado) on this same floor. The two big mirrors at both ends repeat the room infinitely: the French furniture, the lights, the German porcelain.

The ceiling was painted by Marcel Jambon (1848-1908), who also painted the ill-fated ceiling in the auditorium. The Salón Dorado is used for concerts, exhibitions and lectures.

"What I probably recall most about the Colón is the rabid enthusiasm of the Buenos Aires opera fans. You do not encounter such ardent fans anywhere else in the world, except perhaps in San Francisco. Nicolai Gedda and I can attest to that. We had about 900 come backstage one night after we sang Manon".

Beverly Sills

Los vitraux fueron crea-
dos por la casa Gaudin
de Paris en 1907 sobre
cartones de M. Freider.
La sombrilla central del
vestíbulo mide aproxi-
madamente 4 metros
de diámetro.

The stained glass win-
dows were created by
Gaudin et Cie. in Paris in
1907 from cartoons
painted by M. Freider.
The central skylight of
the foyer is 4 meters in
diameter.

The Stage

The stage is 34,50 m by 35,25 m and is one of the biggest stages in the world. The central part is a revolving disk, which can move in both directions to facilitate the changes of scenery. Its floor is slightly tilted so that all actors and dancers can be seen from the stalls. This is quite a challenge for the dancers, especially those who come from abroad and are not accustomed to it.

The cyclorama moves along a rail which is 25 m high. The curtain, manufactured in France, is so heavy that two liveried footmen hidden behind it are in charge of holding it when it falls. These two footmen are called the Marquises in the Theatre jargon. If one pays attention when the curtain falls, one can see them run.

There is also a security curtain that separates the stage from the rest of the theatre.

The orchestra pit is very big and its floor can be elevated to form an even bigger stage. This is done for concerts or when it is requiered by the production of a performance. Since all operas are performed in the original language, there is a long narrow screen at the top of the stage were one can read a simultaneous translation.

The acoustics of the theatre are its most valued treasure. Many singers are shocked when they see the huge auditorium from the stage but the miraculous acoustics finally calm them down.

On both sides of the stage there are dressing rooms for the leading actors. The ballet and the chorus have their dressing rooms on the first floor. Here and in the basement are the offices of the stage director, the stage manager, the control rooms and the storerooms.

El Escenario

El escenario está ubicado a la altura del primer piso. Tiene en su parte central un plato giratorio que se mueve en ambos sentidos y que sirve para agilizar los cambios de escena y decorados.

El piso del escenario hecho en roble del Canadá es desmontable y tiene una leve inclinación para que todos los personajes de la ópera y el ballet puedan ser vistos desde la platea. Esta inclinación es un verdadero desafío para los bailarines, especialmente aquellos que llegan del exterior y no están acostumbrados a este declive.

El inmenso panorama de tela ignífuga traído de Alemania, corre sobre un riel a 25 metros de altura.

El telón francés bordado hasta una altura de 2 metros es tan pesado por sus dimensiones, que al caer debe ser

Aida, boceto de
Roberto Oswald, 1966
Aida, sketch by Roberto
Oswald, 1966

Sketch for *The Lake* by
N. Macdowell, 1963
Boceto para *El Lago de
los Cisnes*, N. Macdowell,
1963

There is a very big basement underneath 9 de Julio Avenue and Cerrito Street.

The cellar houses rehearsal rooms, a ballet rehearsal hall called *La Rotonda*, machine rooms, workshops, wardrobes and very big storerooms.

The Colón is a small city with a population of 1500.

Ángel Fumagalli, once said: "In the entrails of the earth, in the infinite labyrinth of basement rooms, corridors and halls, there lives a self-sacrificing, faithful race who dreams, imagines and above all are creative. There we can watch a pathetic and magic toil. These artisans and artists do not create things for themselves but for others, for the *bell canto* stars and for the immaterial, superhuman *ballerinas*. Those men will never wear the bejewelled tiaras and sceptres, somebody else will put on *La Sylphide's* wings, or *Boris'* oppressive mantle, or the Egyptian Pharaoh's symbols."

Juán Pedro Franze, who spent his life in the Colón, said: "The theatre is always filled with echoes of perfect harmony. In the morning, in the afternoon, before a concert, if one walks along foyers, corridors, dressing-rooms, stairs or landings, one can come

sostenido por dos personajes que durante las representaciones de ópera siempre están vestidos de librea a la moda del siglo XVIII. En el teatro se los llama los Marquesitos. Si se presta atención a la caída del telón se los puede ver correr.

El escenario también tiene un telón de seguridad que sirve para separar la sala del escenario. Delante del escenario está el foso para la orquesta. Su piso puede elevarse hasta la altura del proscenio y agrandar así al escenario para los grandes conciertos de orquesta y coro.

Para una mejor comprensión del texto de las óperas que siempre se cantan en el idioma original, se ha incorporado desde el año 1990 un sistema de subtitulado con la traducción simultánea que se proyecta sobre una pantalla ubicada en la parte superior del escenario.

Y si la sala impresiona por sus dimensiones y belleza, su hechizo más grande no se ve. Es su acústica.

La mayoría de los artistas que han visitado el teatro siempre han expresado su emoción al salir a escena. La inmensidad de la sala asusta a todos los cantantes y músicos pero su acústica perfecta, casi milagrosa, termina por tranquilizarlos.

A los dos lados del escenario están los camarines para las primeras figuras. El coro y el cuerpo de baile tienen sus camarines en los pisos superiores.

Además de los camarines, al costado del escenario están las oficinas de la dirección de escenario, la dirección de estudios, el jefe de máquinas y los grandes depósitos.

Todo el subsuelo está ocupado por dependencias y talleres.

"Puede toparse quien camina en horarios matinales o de la temprana tarde, o antes de iniciarse un concierto, en foyers, pasillos de camarines, escaleras y rellanos, con músicos que afinan y templan sus instrumentos, que aún repiten pasajes de sus "particelle" de modo que los ecos de tantas sonoridades pueblan a los infinitos laberintos de este teatro predestinado como pocos en el mundo para albergar tan diversificadas experiencias sublimadas".
Juan Pedro Franze

Figurín para Isolde, Aníbal Lápiz, 2000
Costume design for Isolde by Aníbal Lápiz, 2000

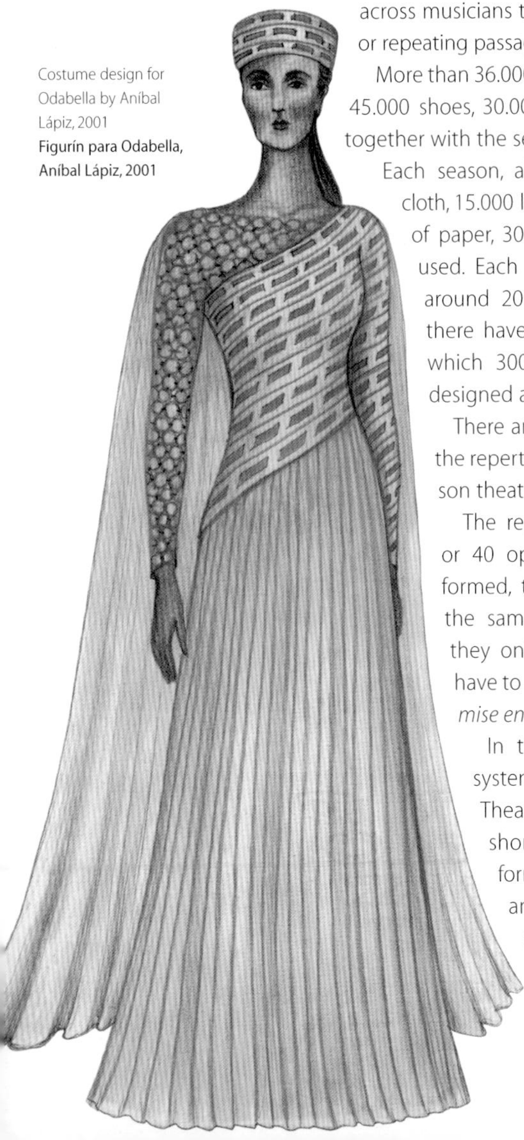

Costume design for
Odabella by Aníbal
Lápiz, 2001
**Figurín para Odabella,
Aníbal Lápiz, 2001**

across musicians tuning their instruments or repeating passages from their *particelle*."

More than 36.000 wigs, 80.000 costumes, 45.000 shoes, 30.000 hats are stored here together with the sets and properties.

Each season, about 10.000 meters of cloth, 15.000 litres of paint, 5.000 kilos of paper, 300 meters of leather are used. Each performance demands around 200 meters of cloth, and there have been performances in which 300 costumes had to be designed and made for the choir.

There are two types of theatres: the repertoire theatre and the season theatre.

The repertoire theatre has 30 or 40 operas ready to be performed, they use the same set, the same stage directions and they only engage soloists who have to adapt themselves to the *mise en scène*.

In the season theatre, the system adopted by the Colón Theatre, the opera season is shorter, the operas performed change every year and the productions are almost always new.

Hay cuatro subsuelos ubicados debajo de la calle Cerrito y la Avenida 9 de Julio, están a 14 metros de profundidad bajo el nivel de la vereda. Se encuentran aquí ámbitos para ensayos, como la Rotonda para los ensayos de ballet, salas de máquinas, depósitos de ropa, talleres de sastrería, peluquería, zapatería, utilería, talleres de escultura, lavandería, tintorería, depósitos de escenografía (hay aproximadamente 300 escenografías guardadas), una carpintería de 900 m² con un inmenso montacargas, salas de control de luces, etc.

Estampillas, 1983
Postage stamps, 1983

En estos talleres se prepara todo lo que se necesita para la puesta en escena de una ópera o ballet. Entre cuerpos artísticos, técnicos y administrativos, en el Teatro Colón trabajan unas 1500 personas.

Ángel Fumagalli dijo: "En las entrañas de la tierra, en el infinito dédalo de sótanos, corredores y recintos, vive una estirpe abnegada y fiel que sueña, imagina, crea por sobre todas las cosas… Allí observamos una tarea patética y mágica. Aquellos artesanos y artistas no imaginan para sí; ellos sufren el proceso creador para otros, para los divos del *bel canto* o las *ballerinas* inmateriales, sobrehumanas. Nunca lucirán las diademas y los cetros enjoyados; otros lucirán las alas de *La Sylphide*, el manto agobiante de *Boris* o los símbolos del faraón egipcio".

Más de 36.000 pelucas, 80.000 trajes de época, 45.000 zapatos, 30.000 sombreros, se guardan en los depósitos, junto con los decorados y los objetos de utilería.

Por temporada se usan alrededor de 10.000 metros de tela, 15.000 litros de pintura, 5.000 kilos de papel y 300 metros de cuero.

Cada función requiere aproximadamente 200 metros de tela; se han llegado a hacer para una sola puesta en escena, 300 trajes para el coro.

The Corps of the Theatre

The Colón houses an orchestra which plays at the opera performances and the Buenos Aires Philharmonic Orchestra, which plays at symphonic concerts and ballet. The theatre has also a *Corps de Ballet* and a Choir. In 1937 a school was created. Today it is called *Instituto Superior de Arte del Teatro Colón* (Art Institute). Here they shape talents and guide singers, dancers, scene directors, prompters, producers, teachers, etc. In 1990 the Experimentation Centre was founded, here experimental forms are performed.

Many important composers have directed or were present during the performance of their own pieces. Some have even conducted the opening night. Among them: Tomás Bretón, Camille Saint-Saëns, Pietro Mascagni, Héctor Panizza, Ottorino Respighi, Richard Strauss, Ernesto Halffter, Federico Moreno Torroba, Igor Stravinsky, Manuel de Falla, Arthur Honegger, Heitor Villa Lobos, Pierre Boulez, Aaram Khachaturian, Leonard Bernstein, Aaron Copland, Astor Piazzolla, Alberto Ginastera, Gian Carlo Menotti.

Not only the theatre organizes concerts in the Colón. In Buenos Aires there are several organizations which hire the Colón for their own concerts: Mozarteum, Amigos de la Música, Wagneriana, Festivales Musicales and Harmonía.

Los Cuerpos Estables

E xisten dos tipos de teatros en el mundo: el teatro de repertorio y el teatro de temporada. El teatro de repertorio trabaja todo el año con entre 30 o 40 óperas que se repiten constantemente con la misma escenografía y la misma dirección de escena. Casi no existen nuevas producciones, cuentan con un gran elenco estable y se contratan solamente los grandes solistas que se amoldan a la régie prestablecida.

En el teatro de temporada, sistema que se ha adoptado en el Teatro Colón, en cambio, la temporada operística dura solamente unos meses, los títulos cambian todos los años y las producciones se renuevan.

El teatro cuenta con una Orquesta Estable, orquesta para las óperas que se representan en el teatro, un Coro y un Ballet Estable. Estos cuerpos fueron creados en 1922 por iniciativa de Enrique Susini y su primer director fue Carlos López Buchardo. Comenzaron a trabajar en 1925. En 1953 se creó además una segunda orquesta: la Orquesta Filarmónica de Buenos Aires, orquesta que se de-

"Al salir al escenario del Colón, la primera impresión, cuando en el segundo acto de *El Lago*, se levantó el telón y yo había adoptado mi pose inicial, fue la de un tremendo nudo en la garganta: de la emoción, casi me pongo a llorar..."
            Maya Plissetskaya

"La magia del Teatro Colón es su público. Me llevo como recuerdo a Moscú el calor de sus corazones..."
            Ludmila Semeniaka

Ifigenia en Táuride
Puesta en escena de
Beni Montresor, 1994
Iphigénie en Tauride
Production by Beni
Montresor, 1994

dica a los conciertos sinfónicos, es responsable también de la parte musical de los espectáculos coreográficos del teatro.

En 1937 se creó la Escuela de Ópera del Teatro Colón que más tarde pasó a llamarse Escuela de Ópera y Arte Escénico. Desde 1958 es el Instituto Superior de Arte del Teatro Colón. Es en este instituto donde se educan los futuros talentos: cantantes, bailarines, registas, maestros internos, apuntadores, escenógrafos.

Lauritz Melchior
(1890-1973)

El Centro de Experimentación del Teatro Colón se creó en 1990 y se dedica a formas experimentales.

La Orquesta Académica fue creada en 1995 y su objetivo es la formación de jóvenes instrumentistas.

Todos los grandes músicos, cantantes, bailarines del mundo han pasado por el Teatro Colón. Muchos compositores famosos han dirigido o presenciado sus propias obras, muchas veces estrenándolas: Tomás Bretón, Camille Saint-Saëns, Pietro Mascagni, Héctor Panizza, Ottorino Respighi, Richard Strauss, Ernesto Halffter, Federico Moreno Torroba, Igor Stravinsky, Manuel de Falla, Arthur Honegger, Heitor Villa Lobos, Pierre Boulez, Aaram Khachaturian, Leonard Bernstein, Aaron Copland, Astor Piazzolla, Alberto Ginastera, Gian Carlo Menotti.

Igor Stravinsky
(1882-1971)

En el Teatro Colón no sólo se representan óperas y funciones de ballet con sus cuerpos estables y elencos extranjeros, también es usado como sala de conciertos. Muchos e importantes han sido los conciertos organizados por el mismo teatro o cediendo su sala a organizaciones como el Mozarteum, Amigos de la Música, Wagneriana, Festivales Musicales y Harmonía.

Alberto Ginastera
(1916-1983)

Colón Theater Foundation

The main objective of the Fundación Teatro Colón has been stated in its foundation document signed in May, 1978: "Help and support the Teatro Colón so that its mission of promoting the arts should be carried out to its utmost degree of quality and efficiency".

In order to achieve the proposed objectives, the Foundation works in close relationship with the Theatre both artistically and structurelly.

Since its creation, the Foundation has granted scholarships in all disciplines concerning the Theatre. Students of the Instituto Superior de Arte and Members of the Academic Orchestra have been the main beneficiaries of these supports.

The Fundación also shows its interest in the formation of future artists by giving master classes held by artists of international renown.

It organizes local contests for the seleccion of young artists who will then take part in well known competitions such as the Belvedere Hans Gabor International Competition of Opera and Operetta wich takes place in Vienna and the International Competition of Dancers and Coreographers organized by the Bolshoi Theatre in Moskow.

The permanent support of the Fundación helps solve many problems of the Teatro Colón.

We have to underline our participation to help the Theatre get the necessary resources in order to be able to plan the theatrical season.

The Fundación Teatro Colón is a private organization that helps the Teatro Colón in its objectives.

Fundación Teatro Colón

"Coadyuvar a que la misión del Teatro Colón pueda ser cumplida con el mayor grado de calidad y eficiencia, en tanto esta institución promueva y difunda el arte lírico, musical y coreográfico universal en sus expresiones más jerarquizadas" es el objetivo fundamental enunciado en el acta constitutiva de la Fundación Teatro Colón de la Ciudad de Buenos Aires, firmada en mayo de 1978. La Fundación Teatro Colón, en cumplimiento de sus propósitos, mantiene una colaboración cercana con el Teatro Colón que va desde lo artístico a lo estructural.

La asignación de becas para cursos de perfeccionamiento en todas las disciplinas que atañen al Teatro es una constante desde la creación de la Fundación. Alumnos del Instituto Superior de Arte e integrantes de la Orquesta Académica del Teatro Colón son los destinatarios principales de estos apoyos.

Del mismo modo, la realización de clases magistrales, a cargo de renombrados maestros, es otra actividad que pone de manifiesto su interés por la formación del elemento humano que hace al beneficio del Teatro.

Complementariamente a estas acciones, la Fundación es organizadora de las pruebas locales para la selección de jóvenes artistas participantes en reconocidos certámenes internacionales, como lo son, por ejemplo el concurso Internacional de Ópera y Opereta Belvedere Hans Gabor, que tiene lugar anualmente en Viena, y el Concurso Internacional de Bailarines y Coreógrafos organizado por el Teatro Bolshoi de Moscú.

La asistencia permanente para la solución de variados y numerosos problemas hacen útil la presencia de la Fundación en la labor diaria del Teatro.

Destacamos finalmente nuestra participación en iniciativas que nos han permitido asumir más y mejores roles que posibilitan al Teatro mayores recursos para la planificación de sus temporadas.

La Fundación del Teatro Colón es un modo de participación privada con el quehacer del Teatro.

Location Plan

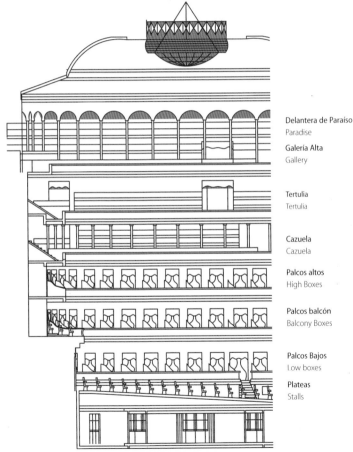

Delantera de Paraíso
Paradise

Galería Alta
Gallery

Tertulia
Tertulia

Cazuela
Cazuela

Palcos altos
High Boxes

Palcos balcón
Balcony Boxes

Palcos Bajos
Low boxes

Plateas
Stalls

Plano de Ubicaciones

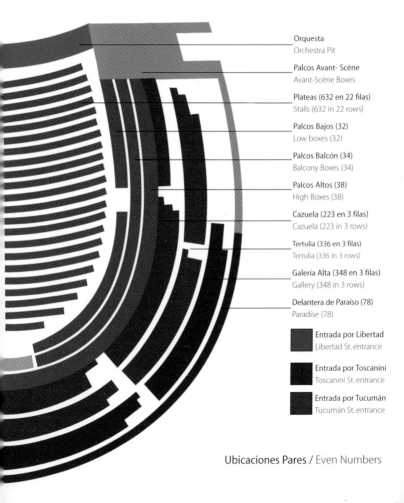

Orquesta
Orchestra Pit

Palcos Avant- Scène
Avant-Scène Boxes

Plateas (632 en 22 filas)
Stalls (632 in 22 rows)

Palcos Bajos (32)
Low boxes (32)

Palcos Balcón (34)
Balcony Boxes (34)

Palcos Altos (38)
High Boxes (38)

Cazuela (223 en 3 filas)
Cazuela (223 in 3 rows)

Tertulia (336 en 3 filas)
Tertulia (336 in 3 rows)

Galería Alta (348 en 3 filas)
Gallery (348 in 3 rows)

Delantera de Paraíso (78)
Paradise (78)

Entrada por Libertad
Libertad St. entrance

Entrada por Toscanini
Toscanini St. entrance

Entrada por Tucumán
Tucumán St. entrance

Ubicaciones Pares / Even Numbers

Technical Specifications

Capacity: 2487 (but there have been performances with 4000 spectators)

Stalls: 632 in 22 rows

Boxes: 10 baignoire boxes, 32 ground floor boxes, 34 balcony boxes, 38 high boxes, 14 boxes in cazuela, 4 boxes in tertulia, the official box with 34 seats.

Cazuela: 223 seats in 3 rows.

Tertulia: 336 seats in 3 rows.

Galería: 348 seats in 3 rows.

Delantera de Paraíso: 78 seats in 1 row.

In cazuela only women can stand, in tertulia only men.

Dimensions:

Total surface: 37.884 m².

When the basement was constructed in 1972, 20.000 m² were added.

Entrance Hall: 1293 m²

Auditorium: 75 m by 28 m.

Busts Foyer: 288 m²

Salón Dorado: 442 m²

Orchestra Pit: 16 m by 6 m

Stage: 35,25 m by 34,50 m

Revolving Stage: 20,30 m in diameter

Cyclorama: 1350 m²

Curtain: 400 m²

Illumination:

Central chandelier: 753 bulbs, it weighs approximately 5 tons.

105 sconces

1300 bulbs altogether.

Ficha Técnica

Capacidad de la sala: 2487 butacas para espectadores sentados. (Para las funciones excepcionales el teatro ha llegado a albergar hasta 4000, contando las localidades de pie).

Cantidad de plateas: 632 en 22 filas.

Cantidad de palcos: 10 palcos baignoire, 32 palcos bajos, 34 palcos balcón, 38 palcos altos, 14 palcos en cazuela, 4 palcos en tertulia y el Palco de Honor de las Autoridades de la República con 34 localidades (llamadas también plateas balcón).

Cazuela: 223 butacas en 3 filas.

Tertulia 336 butacas en 3 filas.

Galería: 348 butacas en 3 filas.

Delantera de paraíso: 78 butacas en 1 fila.

Se pueden ubicar entre cazuela (sólo para mujeres), tertulia (sólo para hombres) y paraíso (en el paraíso están todos juntos), unas 1000 personas de pie.

Medidas:

Superficie: 37.884 m². En 1972 cuando se habilitan las instalaciones del subsuelo se le agregan 20.000 m².

Superficie total: 58.000 m², aproximadamente.

Superficie del foyer: 1293 m².

La sala grande mide 75 m de profundidad y 28 m de alto.

Foyer de los bustos: 288 m².

Salón Dorado: 442 m².

Foso de la orquesta: 16 m de largo por 6 m de ancho.

Escenario: 34,50 m de profundidad por 35,25 m de ancho.

Escenario giratorio: 20,30 m de diámetro.

Panorama: 1350 m² a 25 m de altura. Esta inmensa tela se guarda envuelta en torres de 26 m de altura.

Telón: 20 m de ancho por 20 m de alto. Cada paño pesa 500 kg.

Iluminación

Araña central: 753 lámparas, tiene 7 m de diámetro y pesa aproximadamente 5 toneladas.

105 appliques de bronce distribuidos en la sala.

1300 lámparas eléctricas en total.

In 2006 the Theatre was closed because a restoration and a technological update were needed. It was re-inaugurated on May 25, 2010 and since then it looks its best again. On June 23, 2011 the new curtain was hung. It has been deigned by the Argentine artist Guillermo Kuitka.

En 2006 el Teatro cerró sus puertas. Necesitaba urgentemente una puesta en valor y una actualización técnica. Fue reinaugurado el 25 de mayo de 2010 y desde entonces luce nuevamente todo su esplendor. El 23 de junio de 2011 fue colgado el nuevo telón, diseñado por el artista argentino Guillermo Kuitka.

Índice

Index